Almina Kolland

HANDSCHRIFT
des
HERBSTFRÜHLINGS

Liebesgedichte & Zitate

© 2018 Almina Kolland

Verlag: tredition GmbH, Hamburg
ISBN - Paperback: 978-3-7469-3457-0
ISBN - Hardcover: 978-3-7469-3458-7
ISBN - E-Book: 978-3-7469-3459-4

Umschlaggestaltung: Creative Design Corner
Titelbild: © Dirima - Shotshop
Layout: Almina Kolland
Korrektorat: **Almina Kolland**

INHALTSVERZEICHNIS

VORWORT

*Des Dichters Werk ist
der Spiegel zur eigenen Seele.*

Liebe Leser und Leserinnen,

in diesem Sinne habe ich für Euch einen Lyrikband voller Liebe und dem damit verbundenen Leben zusammengestellt. Ich wünsche Euch viele erfreuliche Stunden mit den **zum Träumen anregenden** Gedichten und Zitaten!

Herzlichst Eure,
Almina Kolland

LIEBESGEDICHTE

Atem der Liebe

Einst legte mein Herz
sich in dein Herz,
um die Seele herum
pflanzte ich ein Blumenbeet.

Als Schutz vor allem
schlechten Schmerz
goss ich die Blumenpracht
mit meinem Tränensaft.

Ein Hauch süßer Würze,
aus Blütenfarben geboren,
ließ des gebrochenen Vogels
Flügel erneut schwingen.

Mit dem Gesang der Freude
hauchte die lange Nacht
den Atem der Liebe
in unserer zarten Brust wach.

Deine verträumten Augen

Der Sommer atmet
mit seiner Sonne
in den Tag hinein,
meine Augen sind wach,
die Gedanken bei dir,
das Herz fühlt
dich neben mir.

Mit dem Duft,
der warmen Luft
ist die Liebe angekommen,
wo sich Anfang und Ende,
diese teilen kann,
ist der blaue Himmel
eine Grenze der Seele.

Die grünen Wiesen
eine Einladung,
miteinander barfuß zu gehen,
um nicht dort zu stehen,
wo der kalte Regen grüßt,
sondern mein Kuss
dir das Leben versüßt.

An jedem Ort geht
der alte Tag hinfort,
dennoch sehe ich überall
deine verträumten Augen.
Kleine Sterne,
deren Licht mich begleitet,
durch die Nacht,
bis der neue Tag erwacht.

In seidigem Glanz

Mein Kopf verabschiedet
langsam den Verstand,
die Gedanken im Traum
greifen nach deiner Hand.

In verschiedenen Farben
erstrahlt deine Kraft
und rüttelt das Herzfeuer
in meinem Körper wach.

Aus dem Traum heraus
mit dem Morgenruf
schmilzt mein Atem
auf deiner Brust.

Meine Lust, aufzustehen,
sind deine Augen,
deren Sonnenlicht
in seidigem Glanz
die Liebe entfacht.

Liebesgeflüster

Draußen weht leicht der Wind,
die Sterne sind mit deinen Augen
in ihrer Reinheit aufgegangen.

Anhaltendes Liebesgeflüster
verbreitet verwirrte Gefühle
über meinen ganzen Körper.

Nächtelang tobt dein Atem
gemischt mit einem Tropfen
Parfüm auf meinen Schultern.

Verliebt haften deine Küsse
in meinem Gesicht,
deine Hände streicheln
meinen Hals vorsichtig.

Ohne Gedanken an morgen
liegen unsere Träume nebeneinander
und verzehren die Liebe
in ihrem roten Schleier.

Zum neuen Tageslicht

Wenn heute eine Träne
dein Gesicht berührt,
denk an mich,
und ein Lächeln
wird dein Tag sein.

Nimm die Wärme
meines Herzens an dich,
dann spürst du nicht
die Kälte,
wie sie versucht, sich
an dich zu schmiegen.

Auch dieser Tag
hat seine Nacht vor sich,
falls du einsam bist,
schlaf schnell ein,
in deinen Traum
komme ich und bin bei dir
zum neuen Tageslicht.

Frühling

Mach deine Augen zu,
hör den Wind, wie er leise
meinen Namen
dir ins Ohr flüstert.

Spüre, wie er dich wärmt
und die Blätter des Herbstes
in einem Kreis des Glücks
um dich herum trägt.

Dein Gesicht berührt
der erste Schnee,
jede Schneeflocke,
die deine Wangen herabgleitet,
sind Küsse von mir,
ich schicke sie
aus der Ferne zu dir.

Dreh dich um
zum Frühling
und schau mich an,
siehst du, wie ich dir
die Sonne bringen kann.

Hungrig im Liebesrausch

Auf der Parkbank
sitzt ein Liebespaar,
Gänseblümchen zieren
vom jungen Mädchen
das lange Haar.

Er umarmt sie innig,
ihre Küsse sind sinnlich,
die Berührungen bleiben zart,
und das Herz vor Freude lacht.

Der Regen prasselt
auf die beiden hinab,
hungrig im Liebesrausch
bemerken sie es kaum.

Sie fliehen in ihre Fantasie,
vom Tag weit entfernt,
ins romantische Abenteuer.

Wirbel der Sehnsucht

Neue Visionen versperren mir die Sicht,
das Himmelsblau färbt sich schnell
ins raue Grau, das Herz stolpert
in die trübste offene Tür.

Meine Gier nach jedem Atemzug von dir
ist schwächer als die Sehnsucht in mir,
ein Knoten um den Hals gewickelt
schnürt mir das Herz ab.

Sucht mit Sehnsucht,
kann der Teufel nicht beenden,
die Liebe kann den faden Schleier
in deinen Augen lenken.

Was meine Gefühle dir zu sagen versuchen,
fällt meinem Ego schwer,
mit der Sehnsucht bedrängt
steigt hoch die Angst in den Raum
gefüllter Schmerzen hinauf.

Innerlich zerbricht die Sucht nach dir,
sie wird ein Wirbel der Sehnsucht von mir.

Hinterm Herzenstor

Hinterm Herzenstor

verfolgt mich ein Blick von dir,
er streicht sanft über die Haut
und taucht ein, wo dein Kuss,
an meine Lippen gepresst,
mich spüren lässt,
die Liebe mit jedem Tag wächst.

Hinterm Herzenstor

flieht meine Seele von alleine,
sie umhüllt den letzten Atemzug,
wo mein Kuss an deine Lippen gepresst
dich spüren lässt,
die Liebe ist ein kostbares Geschenk.

Der Schmetterling

Verbannt aus dem Märchenwald
schlägt der Schmetterling seine Flügel
tief in den Frühlingshügel.

Einen betörenden Rosenduft
atmet er mit seiner Brust.

Elegant tanzen seine zierlichen Fühler
mit der Sonne um die ewige Wette.

Im leisen Windgesang findet er schnell
seinen Bestimmungsgang.

Das erfüllte Heute begrenzt sein Morgen
für kurze Stunden, in denen sein Lebensge-
nuss Funken der Liebe versprüht.

Ein lästiger Gedanke

Ins tiefe Schwarz der Nacht,
voller Schmerz,
fällt die Stimme vom Herz.
Ein lästiger Gedanke
streift über das Gesicht,
in dem nicht sichtbar wird,
was die Wahrheit spricht.

Abstreifen möchte das Herz
den Kummer bringenden Schmerz,
doch dieser lästige Gedanke
schleicht sich hinterlistig
in den Traum behüteter Seelen,
wird mit dem Tag dunkler
und verblasst nicht.

Im brennenden Mond

Wiedergeboren als Schatten
verschlingt vor Verlangen
dein verfluchtes Wesen meine Seele,
die gefangen im brennenden Mond
das Leben mit der Dunkelheit
umgeben von Feuerasche bewacht.

Gefangen zu sein im Himmel
der Erde zum Trotz,
verbreitet der Feuerduft seine Asche
auf mein Haupt und legt das Sternenlicht
verwirrt in deine Hände, deren Wunden
durch deine Adern fließen zurück.

Dein verfluchtes Wesen gewährt
meiner Seele keine Befreiung,
unendlich ist die Dunkelheit
meinem Mond ihre Schuldigkeit.

Angst ohne Namen

Wie ein zarter Wind im Moment
streicht deine Hand sanft
über meinen Körper herab.

Sie erreicht die zittrigen Knie
und spürt Angst,
die keinen Namen trägt.

Angst,
die den Mut Liebe
unter sich begräbt.

In meinen Fingerspitzen
kribbelt es ganz stark,
dies sagt zu mir, es bricht ein
die schwarze Nacht.

Die unterm offenen Himmel
vor Sehnsucht brennt,
vor Sehnsucht
nach dem neuen Tag
nicht verbrennt.

So wie mein Herz
brennt vor Sehnsucht
nach jeder Berührung von dir,
verbrennt nicht mein Herzschlag
mit der Angst ohne Namen,

Angst,
die um den Mut Liebe kämpft.

Honigmund

Die Sonne hisst Kusses Segeln,
der warmen Luft des Meeres entgegen.

Ein sanftes Gefühl
mit Morgenduft erwacht,
dem Herz wird Zärtlichkeit beigebracht.

Gedanken werden zu Tag und Nacht,
während die Seele zum Körper lacht.

Strahlende Augen verschmelzen
im Honigmund, Leidenschaft entfacht,
die Horizonte durchbricht.

Unser Zusammensein

In meiner Hand steht dein Name,
groß wie eingebrannt.

Nicht löschbar im Herzen,
bist du mein Sonnenschein geblieben.

Ein Zeichen Dankbarkeit
an das Leben mit dir,
ist Liebe durch Zukunft geteilt.

Tage vergehen schnell,
Sekunden werden zu Minuten,
die alle Stunden krönen
für eine Zeit der Zweisamkeit.

Für immer dein, für immer mein,
ist unser Zusammensein.

Das Andenken

Die grünen Felder
gaben ihm die Liebe weiter,
Blütenknospen erblühten
im störrischen Wind.

Er beobachtete
aus seinem knorrigen Fenster
die Kinder mit ihrem Eigensinn.

Sein Blick schien starr
an einem Platz zu haften,
die Zeit saß er allein
und nahm Abschied
von den sieben Tagen,
die ihn hemmten.

Einzigartig wie er
von seiner Sorte war,
blieb sein Leben
in den Kinderaugen still stehen,
er musste nun heimgehen.

Das Andenken
seiner vertrauten Idylle
ließ er hinter sich,
den Kindern dieser Welt zurück.

Zeitlos schön

Mag es sein, dass eines Tages
kein Mensch auf Erden weilt,
dennoch wird behütet
mehr als eine Kleinigkeit,
mehr als Worte allein.

Beständig ist der Berg
mit seiner weißen Spitze
im Antlitz des blauen Sees
zeitlos schön liegen geblieben.

Es sind die grünen Felder
mit ihren Wegen,
die zeitlos schön
Geschichte schreiben,
sie immer wieder
neu umschreiben

und dorthin führen,
wo die Schönheit unserer Zeit
geteilt ist mit dem unvergänglichen
Duft der Seelenlast,
getränkt in den Tränen
der Mutter Einsamkeit.

Kleiner Schurke

Kleiner Schurke,

versagt hast du in jedem Stück,
nahmst dem Tag die Hoffnung
auf wiederkehrendes Glück.

In Angst entbrannt läuft der Tag
weiter an einem anderen Ort
und nimmt die Nacht mit sich fort.

In der verstaubten Brust
verwischen Spuren der Liebe,
Erinnerungen an dein Gesicht.

Nunmehr bleibst du, kleiner Schurke,
eine liegen gebliebene stille Post
in meinem großen Herzen zurück.

Erdbeerkuss

Von deinen Lippen schmecke ich
einen verführerischen Erdbeersaft.

Stunden purer Leidenschaft rütteln
die geheimen Sehnsüchte wach.

Dein Mund streicht auf meine Haut
den Geschmack der sinnlichen Frucht.

Gemeinsam pochen die Herzen
mit dem leckeren Genuss.

Dein prickelnder Erdbeerkuss
entflammt meine Liebeslust.

Gefühl der Liebe

Unterm Himmel bewachen
funkelnde Sterne die Nacht,
deine Seele schenkt
mit dem Gefühl der Liebe
meinem Körper vertrauen.

Träume brechen graue Wolken durch,
ein warmer Sonnenstrahl verschreckt
mit dem Gefühl der Liebe
die Regentropfen und setzt
den Frühlingsgeist frei.

Im Mondschein verbirgt
das Gemüt vom Herz
die Freudentränen nicht.

Unausgesprochene Worte
lesen meine Lippen
mit dem Gefühl der Liebe
in deinem Gesicht.

König aus Leidenschaft

Er zerschlägt den Winter
mit seinem silbernen Schwert,
dem Herzen Ruf nach reitet er
auf einem weißen Pferd.

Seine Anmut veredelt
alle Regentropfen,
als Perlengeschenk
für die geliebte Königin.

Seinen ungebrochenen Stolz
trägt er dem Klang
der Nacht entlang,
ein heller Sternenhimmel
bringt ihm den Tag.

Kummer, dessen Menschenleid
seine Krone in zwei Schleier
von Trauer teilt,
schüchtert ihn nicht ein.

Er ist der König aus Leidenschaft,
bewaffnet mit gutem Willen
regiert sein treues Herz das Land.

Geboren im Spiegel

Ich bin der verstreute Sand
dieser kostbaren Zeit,
zerschlagen im Glück,
befangen im Unglück.

Alles, was das Leben
zu gestalten vermag,
wirst du in mir sehen.

Alles, was der Mensch
an wahrer Freundschaft
in Händen reichen kann,
wirst du in mir erkennen.

Versuch dich von mir abzuwenden,
vergeblich wirst du wegsehen,
die schlechten Eigenschaften
teilen die guten und
dort bleibst du stehen,
geboren im Spiegel meiner Seele.

Verschmiertes Fenster

Aus dem verschmierten Fenster
sehe ich Diamanten zu Boden fallen.
Sehe ich genauer hin,
sind es weiße Schneeflocken
in glänzender Pracht,
in diesem Moment
habe ich an ihn gedacht.

Der Gedanke an ihn
macht mein Herz wach,
dennoch ist es eine lange Illusion,
ihn neben mir zu spüren,
ihn neben mir zu hören.

Meine Augen sind weiß überzogen
mit jedem Tag, der mich nicht
zu meinem Liebsten bringen mag.

Nachtfalter

Nachtfalter,

du trägst dein Herz
an beiden Flügeln
durch die dunkle Einsamkeit.

Zu jeder Stunde nach Mitternacht
wachst sorgsam über
die blutige Menschenhand.

Verlierst dein Vertrauen
als Geschenk ewiger Freiheit.

Angst im Schatten
bezahlt deine Schönheit
mit tiefer Traurigkeit.

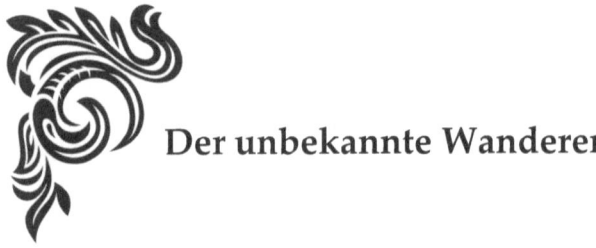

Der unbekannte Wanderer

Still zieht am Tal ein warmer Regenguss vo-
rüber und plätschert in einen Bach,
dem weißen Maiglöckchen entgegen.

Verurteilt ist der unbekannte Wanderer,
mit seinem Leben einsam in einer
liegen gebliebenen Zeit zu schweben.

Um der Liebe von jemandem zu begegnen,
wandert rastlos sein unbekanntes Herz
im Schatten des hellen Tages.

Sobald das Blau am Himmel
die Wolken bedeckt,
packt der unbekannte Wanderer
sein leichtes Gepäck.

Abgewandt von seinem Verdruss
lässt er die grauen Straßen
für ein Nach-Hause-Kommen zurück.

Schwanenfederkleid

Tanz für dich, tanz für mich,
dem Sommerregen entgegen,
gleite im Schwanenfederkleid
den Sternenhimmel entlang.

Tanz für dich, tanz für mich
über den Dächern unserer Stadt,
beweg dich den Wolken
ohne Fesseln hinab.

Tanz für dich, tanz für mich,
auf dem Pferderücken
durch den Wüstensand,
spring zur Mondspitze hinauf
und verschmelze mit Liebe
im Tanz der Leidenschaft.

Herbstfrühling

Warmes Sonnenlicht kleidet die Schönheit
deines Anblicks in einem Augenblick,
mit Frohsinn der Natur gebunden durch
jeden Sinn des unglaublichen Lebens in uns.

Im Rhythmus des Herzens gestärkt
mit Liebe zu dir, wirbelt eine Windbrise
den Herbstfrühling umher.

Leicht wie Federn und doch so lieblich
wie ein Kuss von deinem Munde,
schmückt Blatt für Blatt alles
in wilden Farben der Herbstlandschaft.

Barfuß im Sand

Mitten im Wald steht einsam ein Strand,
mittendrin stehe ich barfuß im Sand,
meine Blicke streuen sich
über das ganze Land.

Zu einem Fremdenufer möchte ich treiben,
auf dem Grund des Meeres innere Stürme,
so launisch und ungewollt, leer vertreiben.

Bei jedem Schritt möchten meine Füße
in der warmen Windbrise gleiten
und im goldenen Sand fest kleben bleiben.

Ein Licht getaucht im Meeresmantel
bewegt meine Seele aus dem Sand
zum Fremdenufer entlang.

Hinterlassen im vergangenen Ort
bleibt das Leben im Wald
mit meinen Füßen am einsamen Strand.

Lebensmoment

Auf dem Boden von Sinnlichkeit
schütten blasse Hände schwarze Erde
zu ihrer Vergänglichkeit.
Im ewigen Windesdrehen
splittern Baumrinden
dem Regenklang entgegen.

Behutsam legt der Träumer
seinen Kopf aufs Polstereck.
Umhüllt von der Nacht
seines Lebensmoments,
verbreitet sich Waldesduft
über Gottesland entlang der Ewigkeit.

Jesajah

In der Fülle der Gefühle
aus dem tiefen Meer entbrannt,
ist der Hoffnung
ihr Traum weggerannt.

Deine sanftmütige Stimme
erhebt meinen verletzten Körper
aus den langen Fängen
des unheimlichen Schlafs.

Während dein Geist im Schoß
der Gerechtigkeit verweilt,
schlagen deine Flügel
den Atem in meine Brust rein.

Neben der goldenen Uhr
am Himmelsrand erkannt,
liegst du, Jesajah, und hältst
dein klares Licht über meine Hand.

Die Wintersonne

Die Wintersonne lächelt nicht,
verbirgt ihren Schein hinterlistig,
sie erinnert mich an dich.

Gefährlich ist ihre Wärme,
in deren leuchtenden Kreis
sie keinen Eintritt gewährt.

Die Wintersonne spielt heimlich
hinterm alten Baum,
sie ist wie du ein verspieltes Kind,
das im Traum lebt und sich
vor den Erwachsenen verstellt.

Leise geht sie nach ihrer Jahreszeit,
der Frühlingssonne macht sie Platz,
unauffällig verschwindet sie im Schatten,
dass keiner ihr Bedauern hört.

LIEBESZITATE

Ich kann mir nicht vorstellen,

einmal diese Welt zu verlassen,

ohne etwas mit Wert,

von Liebe zu hinterlassen.

Ein kleiner Schritt

an jedem Tag,

indem die Sonne lacht,

bewahrt große Schritte

der Glücksmomente.

Angst

ist die größte

Schwäche auf der Welt,

in ihr versinkt Mut,

der den Namen

Liebe trägt.

An Größe mehr

wiegt das Herz

als der Verstand,

der manche Güte

aus dem Sinn verbannt.

Die Gabe, zu lieben,

besitzt nicht jeder.

Die Chance,

lieben zu lernen,

haben wir alle.

Unausgesprochene Worte

wahren stets ihr Gesicht,

sie sind nicht bekümmert

und finden den Weg

in ihr eigenes Glück.

Im Herz stationiert

lebt der Freund,

dessen Vertrauen

den Zusammenhalt

von Liebe

kennengelernt hat.

Zeit

kann keine Wunde heilen,

die jede Sekunde

durch den Hoffnungsstich

geöffnet wird.

Der Sonnenaufgang

treibt sein Unwesen

im Untergang,

wachsam verfolgt

die Liebe

seinen Neuanfang.

Vor den Tränen

des verschmähten Herzens

verkleidet die Leidenschaft

ihre Sinnhaftigkeit.

Die Liebe ist ein Stück vom Glück,

dem Herz wird beigebracht,

was den Menschen verzückt.

Der Himmel

ist eine Grenze der Seele.

Die Freiheit

ist ein Flug ins Sonnenlicht.

Manches Herz

schlägt ohne Verstand

in den Tag hinein,

bereit für die Liebe

und das Leben,

Gutes von sich zu geben.

Geschriebene Worte,

wohlwollend bedacht,

wären ohne Liebe

ein leeres Blatt.

Legt sich die Seelenruhe

in eine Wolke,

schweigt der Moment

am Horizont.

Ein Liebesgedicht

wird im Frühling

von der Hand geschrieben,

gelesen durch den Sommer,

um im Herbst anzukommen,

den Winterträumen zu begegnen.

Schönheit ist eine Zeit,

die uns am Ende des Lebens

verloren bleibt.

Die Liebe im Gegensatz

zur Schönheit triumphiert

in alle Ewigkeit.

—